新版 市場のケーキ屋さん

鎌倉しふぉんのシフォンケーキ

卵 粉 牛乳 砂糖 油 + 素材1つで作るシンプルな生地

マイナビ

鎌倉しふぉん「ふわふわ、しっとり」の秘密

生地の美味しさを生かすために素材はシンプルに

シフォンケーキは、卵、粉、牛乳、砂糖、油と、家庭にある材料で作れるケーキです。
プレーンの生地を口に含むと素材の味が生き生きと自己主張しつつ、
お互いに良いハーモニーを奏でながら口の中で溶けていきます。
"シンプルは美味しい"と、五感が揺さぶられる瞬間です。
鎌倉しふぉんのケーキは、この基本をくずすことなく、
フレーバーの味を表現するために最低限の素材のみ使用する。
そんな思いを込めて沢山の味のシフォンを完成させていきました。

私がシフォンケーキを作りはじめて間もないころは、いろいろな本を参考にして焼いていました。
卵は卵白の使用量が多く、作るたびに余った卵黄の使い道に困り、
そのうちに捨てられていく卵黄に胸が痛んだものです。
楽しいケーキ作りをしたいがために、思い切って卵黄も全量使ってみたところ、
しっとりとした美味しい生地に仕上がりました。
また、以前は使っていたベーキングパウダーですが、
卵の力だけで膨らむのではと、ある日入れずに焼いてみたところ、高さもありきれいに焼けました。

必要のないものは足さない。
そのシンプルさが作りやすく美味しいケーキになりました。
素材の味を生かすよう、甘さも控えてあります。
ぜひご家庭で、鎌倉しふぉんのシフォンケーキを作っていただけたら嬉しく思います。

Contents

シフォンの小話 —私の考えるシフォンケーキ—

ケーキ作りは手をかけすぎず、優しすぎず大胆さと潔さも必要です。

●弾力のある生地にするには

シフォンケーキはシンプルがゆえ食感が勝負です。

押すと跳ね返るくらい弾力があるのが理想です。

ハンドミキサーは勝手に回ってくれるので任せてしまいたくなりますが、

思いっきり力を込めて腕力を使いましょう。

力を入れてリズミカルに回すほど、コシの強いメレンゲができます。

弾力はメレンゲが命です。

●姿勢と音とリズム

先日、卓球の試合を見る機会がありました。

上手な選手は姿勢もラリーの音もリズムもすべてが美しく無駄がありません。

素晴らしいシフォンを焼く教室の生徒さんも、姿勢とハンドミキサーやホイッパーの音が美しいです。

たくさん焼く事が上達のコツですが、姿勢が悪いと変な所にばかり力が入り、

肝心な生地が混ざっていない事があります。

余裕が出てきたら音にも耳を傾けてください。リズミカルで良い音がしていますか？

●焼き手の心を映す鏡

シフォンは、同じ材料、器具、オーブンで焼いても一人一人違ったものができます。

きっとその人らしさが表れるのでしょう。

ぐちを言ったり、怒っていたり、お腹がすいていたり、急いでいたり、

心ここにあらずだと、良いシフォンは焼けません。恐ろしいほど正直な鏡です。

●あらゆる食事時に

シフォンケーキは万人に好まれるケーキです。

甘さを控えていますから、男性はもちろん、赤ちゃんからご高齢の方、また食欲や体力がない方でも、

力を使わずに飲み込む事ができます。

栄養も含まれていますから、コーヒーや紅茶などと朝食にもぴったりですね。

お店のお客様には、日替わりで朝食に色々なフレーバーを楽しまれている方もいらっしゃいます。

作る前に知っておきたい事

シフォンケーキは焼きっぱなしのケーキですので器具、オーブン等も重要です。

●卵について

17cm シフォン型の場合、卵黄 4 個は約 75g、卵白 4 個は約 150g です。

20cm シフォン型の場合、卵黄 7 個は約 130g、卵白 7 個は約 260g です。

●分量について

小さじ 1 ＝ 5cc、大さじ 1 ＝ 15cc、卵＝ L 玉（正味 56g）を使用。

●シフォン型のこと

シフォン型にはアルミ型、紙型、テフロン加工型があります。

・アルミ型…本書ではこのタイプを使用。熱伝導率が一番良く、値段は少々高めですがおすすめです。アルタイト（アルスター）表記の型は、鉄の表面にアルミメッキが施されたもので、値段が安いという利点があります。しかし、熱伝導率があまり良くなく、また長く使用していると加工がはがれ、生地が型に張り付かなくなる可能性があります。
・紙型…そのまま差し上げられるという利点がありますが、アルミ型より熱伝導率が良くないため、焼き時間を 2 〜 3 分長くする必要があります。また、保存時に紙が生地から水分を奪うのでビニール袋で覆って余分な蒸発を防ぎます。
・テフロン加工…シフォンは焼き上げてから逆さまにして生地を型に張り付けて冷ますケーキですので、テフロン加工のようにスポッと抜け落ちてしまう型は適していません。加工の程度によっては張り付くものもあるようですが、おすすめはできません。

●オーブンについて

本書に記載してある温度と時間はあくまでも目安です。同じ温度に設定してもオーブンの種類によって焼き上がりに違いが出るため、ご家庭のオーブンのクセをつかむ事が大切です。特に電気オーブンは立ち上がりが遅いため、予熱を設定温度より 30 〜 50℃上げ、生地を入れたら設定温度に戻します。上手く焼けない場合はオーブン用温度計（オーブンメーター）を使用すると良いでしょう。正確な温度が計れます。

何度か焼いていく過程で一番良い温度、時間をつかんでください。

庫内が小さい場合は、上面が焦げてしまうので途中でアルミ箔をかけます。

●メレンゲの事

メレンゲは固すぎても柔らかすぎても良い生地ができません。手応えを感じて重みがでたら、そこでストップします。完成したメレンゲを放置しておくと離水してボソボソになりますので、すぐに卵黄生地と合わせます。3 回に分けて入れるので卵黄生地との混ぜ合わせをゆっくりしていると、最後のメレンゲはボソボソになってしまいます。素早く作るのもコツのひとつです。

●材料の置き換えについて

本書のレシピでは薄力粉や牛乳を使用していますが、同量のまま薄力粉は米粉（熊本県産「ミズホチカラ」）に、牛乳は豆乳や水に置き換えて作成できます。またノンオイルでもシフォンの食感をくずすことなく焼成できます。どちらも試してみて、お好みの味わいを見つけるのもおすすめです。

基本のプレーンシフォンケーキ

プレーンは具材が入らないため、穴もあきやすく膨らみも直接生地に表れます。
まずは基本のキメ細かい弾力のあるシフォンをマスターしましょう。
コツをつかめばフレーバーも楽しく作れます。

材料

	17cm	20cm
卵黄 (L)	4 個	7 個
なたね油	50cc	90cc
牛乳	60cc	100cc
薄力粉	70g	120g
卵白 (L)	4 個	7 個
グラニュー糖	60g	100g

焼き時間 (180℃で)

17cm　20cm

約 25 分　約 30 分

準備

・薄力粉は高い位置から紙の上に 2 度ふるっておく。

> 高い位置からふるう事により、たくさんの空気を含み膨らむ要因のひとつになります。

・グラニュー糖は 1 度ふるう。

・オーブンは 180℃に温めておく。

> 電気オーブンは火力が弱いので予熱時に 30℃〜50℃高く設定し、生地を入れたら 180℃に戻すと良いでしょう。

●卵黄生地を作る

1 ボウル (大) に卵黄を入れ、なたね油を加えホイッパーで混ぜる。

2 電子レンジ等で人肌程度に温めた牛乳を加えて混ぜる。

3 薄力粉をさらにふるいながら一度に加え、ホイッパーで混ぜる。

4 だまがなくなれば卵黄生地の完成。

> 材料がきれいに混ざればOKですのでここまで1分もかかりません。

●メレンゲを作る

5

ボウル（小）に卵白を入れ、ハンドミキサーの弱でこしを切るように混ぜてから、強にして一気に混ぜる。

6

白い泡が立ってきたら、

7

グラニュー糖を2回に分けて加える。

8

ボウルを斜めにして力強く混ぜる。

9

手に生地の重みを感じ、つやがでてきたら完成。

> 弾力のあるシフォンを仕上げるためにはこしのあるメレンゲが必要です。ハンドミキサーに頼らず、自分の腕力を使って力強く動かすことが重要です。

> メレンゲが柔らかすぎても、固すぎても良いシフォンができません。何度か作る中で一番良いメレンゲの状態を見極めてください。

> メレンゲが完成したら泡が消えないように素早く次の作業へ移りましょう。

●卵黄生地とメレンゲを混ぜる

10

卵黄生地の中にメレンゲの⅓量を加え、ホイッパーでだまがなくなるまでしっかりと混ぜる。

11

ボウルの底に卵黄の濃い生地が残らないよう、ゴムべらで底から返す。

> ゴムべらはメレンゲ用と卵黄生地用と2本あるのが理想ですが、1本しかない場合はきれいにふいてから使いましょう。

12

残りのメレンゲも2回に分けて加え、同じようにホイッパーでだまがなくなるまで混ぜる。

> メレンゲのだまが残っていると穴あきの原因になります。

13

ボウルの底に卵黄生地が残らないように、ゴムべらで再度底から返す。

> ふんわりとした生地になっていれば成功。だまがなくなったら必要以上に混ぜないこと。生地がだれて膨らまない原因になります。

14

少し高めの位置から生地を型に流し入れる。

> 空気を含まないように流し入れる事で気泡が少なくなります。

15

ゴムべらを使い表面を平らにならす。

16

温めておいたオーブンで焼く。焼き上がったら高さのある器の上に型の中央部をのせて、逆さまにして冷ます。

> 天板は予熱の時から入れて温めておきます。
> 生地のしっとり感が大事なので焼きすぎないこと。火が通ったらすぐにオーブンからだします。また、オーブンによってクセがあるので温度、時間は調整してください。

17

冷めたら、乾燥しないようにビニール袋をかぶせ冷蔵庫で保存します。

●型から外す

18
生地を手で中央部に寄せてパレットナイフを刺し、型に沿わせて側面をぐるっと一周はがす。

> 型から外す時は、冷蔵庫からだしたての冷えている状態がきれいにはがれます。
> 生地に弾力があると、手で寄せてもまた元に戻ります。

19
底にパレットナイフを刺し、こちらもぐるっと一周はがす。

> パレットナイフの中央部から刺すと生地に突き刺さりません。

20
中央部にシフォンへらまたは竹串を刺し、はがす。

21
逆さまにして底を外してでき上がり。

> 冷蔵庫で冷やして2〜3日後が、生地が落ち着きしっとりとして食べごろです。保存状態が良ければ冷蔵庫で約1週間保存できます。冷凍保存も可能です。

よくある失敗例

失敗の原因は何か、再度確認してみましょう。ちょっとした所に答えが見つかります。

●焼き上がり後

成功

型より多少盛り上がり生地の表面がお花が咲いたように割れていれば大成功です。

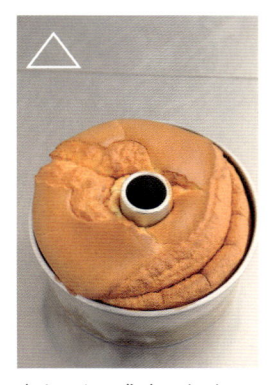

高さはあり成功ですが、メレンゲと卵黄生地が完全に混ざっていないため、卵黄生地が上にたまりお花が咲かず横割れした例。

●生地が
つまってしまった

生地のいじりすぎが原因。ゴムべらとホイッパーを上手に使いこなし、良い状態の生地に仕上げるのには、短時間で少ない回数で混ぜる事がコツです。

●気泡が
入ってしまった

メレンゲのだまが残っていると、焼いているうちに膨張して大きな穴になってしまいます。

シフォンケーキの材料と道具

●粉

当店では北海道産の「ゆきんこ」を使用していますが、手軽に入手出来るフラワーやバイオレット等でも大丈夫です。また、米粉（熊本県産ミズホチカラ）にも同量で置き換え可能です。

●卵

卵は冷蔵庫から出したてを使用します。本書ではL玉を使用しますが、ミックス卵等の際は、グラムを計って使用してください（p.7）。

材　料

●グラニュー糖

シフォンは軽い食感のケーキですから、上品なグラニュー糖を使います。精製されていないものは多少膨らみに欠けますが、お好きな物を使用して頂いて大丈夫です。甘さもお好みで調整してください。

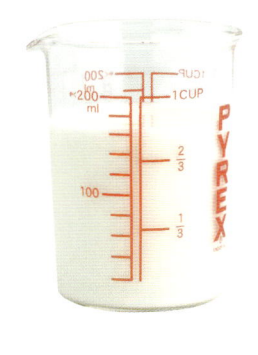

●なたね油

素材の味が勝負ですから油も良質のものを選びます。後味が爽やかで匂いが残らないものを。なたね油の他には紅花油やコーン油等がおすすめです。多少なめらかさに欠けますが、油を加えないノンオイルシフォンも焼成可能です。

●牛乳

お店では無調整の乳脂肪分3.7％の牛乳を使用。牛乳を入れる事によってまろやかさとこくが出ます。牛乳が苦手な方は水や豆乳に変えてください。いずれも人肌程度に温めてから使用します。

20cm 型

17cm 型

●型

本書では 17cm 型と 20cm 型の配合を記載。オーブンの庫内の大きさで使い分けていただくと良いと思います。焼き時間はアルミ型の場合です。紙型、加工型は数分長めに焼いてください。

●ボウル

ボウルは平たい型と深型（ミキシングボウル）があります。深型は生地が中心に集まるため、お菓子作りには最適です。メレンゲの仕上がりも良いですし、短時間でできるため生地がだれません。

●ハンドミキサー

メレンゲ作りの必需品。パワーがあり羽の部分が大きいものがおすすめです。ホイッパーだと時間がかかって生地がだれてしまいます。

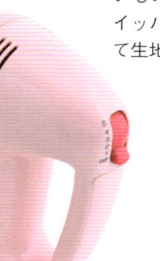

●ゴムべら

シリコン製で一体型のタイプが衛生的で使いやすいでしょう。メレンゲ用と卵黄生地用に 2 本あると作業がスムーズです。

道 具

●ホイッパー

製菓用はワイヤーの数が多く、混ぜやすいです。ボウルの大きさに合わせた長さを選びましょう。17cm シフォン型には 30cm、20cm シフォン型には 35cm が理想です。

●ふるい

いろいろなタイプがありますが、私が使用するのはストレーナーというザルです。扱いやすく、洗うにも便利で、料理でも活躍します。

●パン切り包丁

シフォン生地はふわふわで食パンに近い生地です。ケーキナイフや包丁より、パン切り包丁で前後に動かしながら切っていきます。

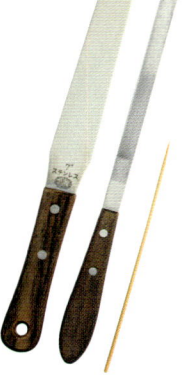

●パレットナイフ
シフォンへら
竹串

型からシフォン生地を抜く時に使用します。周りはパレットナイフ、中心の筒の部分はシフォンへらまたは竹串ではがします。

A
生地の最後に
加える

完成した生地に
味となる素材を
加えます

コーヒー

芳醇なコーヒーの香りが漂う定番のシフォン。

材料

	17cm	20cm
卵黄 (L)	4 個	7 個
なたね油	50cc	90cc
牛乳	50cc	90cc
薄力粉	70g	120g
卵白 (L)	4 個	7 個
グラニュー糖	65g	110g
コーヒー液		
インスタントコーヒー	大さじ1強	大さじ2
水	小さじ1弱	小さじ1½

焼き時間 （180℃で）

17cm	20cm
約25分	約30分

準備

・基本のプレーンシフォンケーキ参照 (p.10)
・インスタントコーヒーを水で溶き、コーヒー液を作る。

作り方

基本のプレーンシフォンケーキ（p. 10 ～ 13）の生地を作る。最後にコーヒー液を加え、マーブル状になるように軽く混ぜて型に流し込む。プレーンを参照して焼き上げる。

> コーヒー液が生地の中で1か所にたまると、そこだけ大きな空洞になってしまうので注意しましょう。

B
水分を変える

牛乳の水分を
別の味に変えて
アレンジを楽しみます

ロイヤルミルクティー

茶葉は牛乳で抽出すると濃く格調高い香りに。

材料

	17cm	20cm
卵黄 (L)	4 個	7 個
なたね油	50cc	90cc
紅茶液	50cc	90cc
┌ 紅茶の葉 (アッサム)	大さじ 1	大さじ 2 弱
└ 牛乳	80cc	140cc
細かく砕いた茶葉	ひとつまみ	ひとつまみ
薄力粉	80g	140g
卵白 (L)	4 個	7 個
グラニュー糖	70g	120g

焼き時間 （180℃で）

17cm	20cm
約 28 分	約 33 分

準備

・基本のプレーンシフォンケーキ参照 (p.10)

・紅茶液を作る。鍋に茶葉と牛乳を入れて火にかけ、沸騰したら弱火にして 3 分煮出し抽出する。茶こしでこし、分量の紅茶液を用意する。

作り方

基本のプレーンシフォンケーキ (p. 10〜13) の作り方 2 で牛乳の代わりに紅茶液、細かく砕いた茶葉を加える。プレーンを参照して焼き上げる。

> 茶葉を砕かずに入れると膨張して、食べた時に口の中に残ってしまいます。ミルで挽くか、包丁で砕く、またはすり鉢ですります。ティーバッグの中の茶葉を使用しても良いでしょう。

C
水分のある
素材を加える

果物や野菜など、水分のある
素材を加えるときは
牛乳の量を調整します。

バナナ

完熟バナナを使用すると甘みやこくがでます。

材料

	17cm	20cm
卵黄 (L)	4 個	7 個
なたね油	50cc	90cc
牛乳	25cc	40cc
バナナ（正味）	80g	140g
薄力粉	80g	140g
卵白 (L)	4 個	7 個
グラニュー糖	70g	120g

焼き時間（180℃で）

17cm **20cm**

約25分　約30分

準備

・基本のプレーンシフォンケーキ参
照 (p.10)

作り方

基本のプレーンシフォンケーキ (p.
10〜13) の作り方 **2** で牛乳を入れた
後、フォークでつぶしたバナナを加
える。プレーンを参照して焼き上げ
る。

> 皮の黒い完熟したバナナのほうが甘みやこく
があり美味しくなります。バナナは生地を作っ
ていく過程で細かくなるので、フォークで粗め
につぶすだけで大丈夫です。

C 水分のある素材を加える

かぼちゃ

小さな坊ちゃんかぼちゃは味が濃くおすすめ。

材料

	17cm	20cm
卵黄 (L)	4 個	7 個
なたね油	50cc	90cc
牛乳	25cc	40cc
かぼちゃ（正味）	70g	120g
薄力粉	75g	130g
卵白 (L)	4 個	7 個
グラニュー糖	65g	110g

焼き時間 (180℃で)

17cm 約25分　**20cm** 約30分

準備

・基本のプレーンシフォンケーキ参照 (p.10)
・かぼちゃは蒸して皮をむく。実はフォークでつぶし、分量を準備する。皮を入れる場合は包丁で刻んで加える。

作り方

基本のプレーンシフォンケーキ (p.10〜13) の作り方 **2** で牛乳を入れた後、蒸してつぶしたかぼちゃを加える。プレーンを参照して焼き上げる。

> かぼちゃの卵黄生地は水分が少なく固い感じがしますが、メレンゲを入れると適度な柔らかさになります。

D
粉末で味を変える

粉で味を変える場合は、
薄力粉と一緒に
ふるっておきます。

抹茶

お茶のほろ苦さが後を引く美味しさです。

材料

	17cm	20cm
卵黄 (L)	4 個	7 個
なたね油	50cc	90cc
牛乳	60cc	100cc
・薄力粉	70g	120g
・抹茶	大さじ 1	大さじ 2
卵白 (L)	4 個	7 個
グラニュー糖	65g	110g

焼き時間 (180℃で)

17cm	20cm
約 25 分	約 30 分

準備

・基本のプレーンシフォンケーキ参照 (p.10)

・薄力粉と抹茶を一緒にふるう。

作り方

基本のプレーンシフォンケーキ (p.10〜13) を参照して焼き上げる。

> 抹茶は退色しやすいので、パウダーの時も、焼き上がりもなるべく電気の光や太陽に当たらないように保存します。

D 粉末で味を変える

ココア

生地とカカオ分が程良いバランスです。

材料

	17cm	20cm
卵黄（L）	4 個	7 個
なたね油	50cc	90cc
牛乳	60cc	100cc
薄力粉	60g	100g
ココア	15g	25g
卵白（L）	4 個	7 個
グラニュー糖	70g	120g

焼き時間 （180℃で）

17cm **20cm**

約 25 分　約 30 分

準備

・基本のプレーンシフォンケーキ参照 (p.10)

・薄力粉とココアは一緒にふるう。

作り方

基本のプレーンシフォンケーキ（p.10 ～ 13）を参照して焼き上げる。

> ココアは油分が多いため、メレンゲの泡が消えやすい生地です。卵黄生地を湯煎にかけて温めると良いでしょう。

E
粉を代える

薄力粉の代わりに
別の粉を使います。

全粒粉

どっしりした食感と粉の風味が味わえる生地です。

材料

	17cm	20cm
卵黄 (L)	4 個	7 個
なたね油	50cc	90cc
牛乳	60cc	100cc
全粒粉	70g	120g
卵白 (L)	4 個	7 個
グラニュー糖	60g	100g

焼き時間 （180℃で）

17cm	20cm
約 25 分	約 30 分

準備

・基本のプレーンシフォンケーキ参
照 (p.10)

作り方

基本のプレーンシフォンケーキ (p.
10 ~ 13) を参照して焼き上げる。

> 卵黄生地は重く感じますが、メレンゲを入
れると適度な柔らかさになります。

E 粉を代える

米粉

粒子が細かいため、キメのきれいな生地に。

材料

	17cm	20cm
卵黄 (L)	4 個	7 個
なたね油	50cc	90cc
牛乳	60cc	100cc
米粉	70g	120g
卵白 (L)	4 個	7 個
グラニュー糖	60g	100g

焼き時間 (180℃で)

17cm	20cm
約25分	約30分

準備

・基本のプレーンシフォンケーキ参照 (p.10)

作り方

基本のプレーンシフォンケーキ (p.10〜13) を参照して焼き上げる。

> プレーン生地の薄力粉を米粉 (熊本県産ミズホチカラ) に置き換えるだけで OK です。

F
油分の多い
素材を加える
油分が多いと生地が重くなり
膨らみにくく、
難易度が高いです。

チョコレート

ビター、スイート等種類で味が変わります。

材料

	17cm	20cm
卵黄 (L)	4個	7個
なたね油	50cc	90cc
牛乳	60cc	100cc
チョコレート	15g	25g
薄力粉	45g	80g
ココア	15g	25g
卵白 (L)	4個	7個
グラニュー糖	65g	110g

焼き時間 （180℃で）

17cm	20cm
約25分	約30分

準備

・基本のプレーンシフォンケーキ参照 (p.10)
・薄力粉とココアは一緒にふるっておく。
・チョコレートはレンジ等で溶かしておく。

作り方

基本のプレーンシフォンケーキ (p.10〜13) の作り方 **2** で牛乳の後に溶かしたチョコレートを加える。プレーンを参照して焼き上げる。

> ココアのシフォンケーキ (p.21) 同様、チョコレートも油分の多い素材ですから、卵黄生地を湯煎にかけて温めると良いでしょう。

F 油分の多い素材を加える

チーズ

チーズの塩気と生地の甘みがマッチした逸品。

材料

	17cm	20cm
卵黄 (L)	4 個	7 個
なたね油	50cc	90cc
牛乳	35cc	60cc
クリームチーズ	55g	100g
サワークリーム	45g	80g
薄力粉	60g	110g
卵白 (L)	4 個	7 個
グラニュー糖	70g	120g

焼き時間 (180℃で)

17cm　**20cm**

約28分　約33分

準備

・基本のプレーンシフォンケーキ参照 (p.10)

作り方

なたね油、牛乳、クリームチーズ、サワークリームは温めておく。クリームチーズ、サワークリーム、なたね油、牛乳の順に加え、最後に卵黄、薄力粉を入れて、プレーンを参照して焼き上げる。

> クリームチーズの固まりがあると、そこだけ空洞になってしまいます。静かに、でもしっかりと混ぜましょう。
> 油分の多い素材ですから、卵黄生地を湯煎にかけて温めると良いでしょう。

美味しい食べ方と保存方法

きれいに燃き上がったら
上手に保存し、
美味しく、
楽しんでいただきましょう。

●生クリームを添える

生クリームは純生と植物性半々くらいがおすすめです。砂糖を加えてホイップすれば冷凍も可能。

●他の材料をトッピング

ジャム、はちみつ、メープルシロップ、あずき、フルーツ。お好みの材料と一緒に盛り付けます。

●シフォンケーキを飾る パウダーシュガー

ホールで差し上げる時に飾り用パウダーシュガーを上部にふると、見た目もグレードアップします。

●保存方法

あら熱が取れたらビニール袋で覆いしっとり感を保ちます。カットしたシフォンはラップで包みます。

●保存期間

冷蔵庫に入れて保存状態が良ければ1週間程日持ちします。焼いてから2〜3日後が一番の食べごろ。

●冷凍保存

余った時は1カ月間程冷凍保存可能。食べる時は常温に戻すか半解凍でも美味しく召し上がれます。

素材は1つ。いろいろな味のシフォンケーキ

基本のプレーンシフォンケーキの食感をこわす事なく、素材の味をしっかりと出した色々な味のシフォン。
どれをとっても飽きのこない上品な味に仕上げました。
色や素材を目で楽しみ、風味を味わってみてください。

はちみつシフォンケーキ

はちみつを入れるとしっとりした生地に。はちみつは自然のものゆえに
濃度や味にばらつきがあるので相性の良い品種を選んで。
膨らみや弾力に影響します。

honey

作り方 >32 ページ

chocolate chip

チョコチップシフォンケーキ

チョコチップの量と大きさ、そして、プレーンとの相性とバランスが抜群です。
お互いの美味しさを引き立て合った、私の大好きなシフォンです。

作り方 >32 ページ

almond

アーモンドシフォンケーキ

粉はアーモンドプードルのみを使ったしっとりと贅沢なシフォン。
アーモンドローストも加えて味に奥行きをだしました。

作り方 >33 ページ

yogurt

ヨーグルトシフォンケーキ

まろやかでほんのりと酸味が残る後味は、疲れを癒してくれます。
キメも細かく、割った時にシュワッと音が聞こえてきそうです。

作り方 >33 ページ

はちみつシフォンケーキ

材料

	17cm	20cm
卵黄 (L)	4 個	7 個
なたね油	50cc	90cc
牛乳	35cc	60cc
はちみつ	45g	80g
薄力粉	75g	130g
卵白 (L)	4 個	7 個
グラニュー糖	40g	70g

焼き時間 (180℃で)

17cm　**20cm**

約25分　約30分

準備
・基本のプレーンシフォンケーキ参照 (p.10)

作り方

1　卵黄生地を作る。ボウル (大) に卵黄を入れてなたね油を加えて混ぜ、温めた牛乳、はちみつを加えて (**a**) さらに混ぜる。薄力粉を再度ふるいながら一度に加え、ホイッパーで混ぜる。

2　p.11 の要領で卵白とグラニュー糖を泡立て、メレンゲを作る。

3　卵黄生地の中にメレンゲの⅓量を加えホイッパーでよく混ぜ、ボウルの底に卵黄の濃い生地が残らないようにゴムべらで底から返す。

4　残りのメレンゲも２回に分けて加え、同じようにホイッパーでだまがなくなるまで混ぜる。再度ゴムべらで底から返す。

5　型に生地を流し入れ、ゴムべらで表面を平らにならす。

6　温めておいたオーブンで焼く。焼き上がったら逆さまにして冷ます。

チョコチップシフォンケーキ

材料

	17cm	20cm
卵黄 (L)	4 個	7 個
なたね油	50cc	90cc
牛乳	60cc	100cc
薄力粉	70g	120g
卵白 (L)	4 個	7 個
グラニュー糖	50g	90g
チョコチップ	40g	70g

焼き時間 (180℃で)

17cm　**20cm**

約25分　約30分

準備
・基本のプレーンシフォンケーキ参照 (p.10)

作り方

1　卵黄生地を作る。ボウル (大) に卵黄を入れてなたね油を加えて混ぜ、温めた牛乳を加えてさらに混ぜる。薄力粉を再度ふるいながら一度に加え、ホイッパーで混ぜる。

2　p.11 の要領で卵白とグラニュー糖を泡立て、メレンゲを作る。

3　卵黄生地の中にメレンゲの⅓量を加えホイッパーでよく混ぜ、ボウルの底に卵黄の濃い生地が残らないようにゴムべらで底から返す。

4　残りのメレンゲも２回に分けて加え、同じようにホイッパーでだまがなくなるまで混ぜる。再度ゴムべらで底から返す。

5　最後にチョコチップをふり入れ (**a**)、ゴムべらでさっくりと混ぜる。

6　型に生地を流し入れ、ゴムべらで表面を平らにならす。

7　温めておいたオーブンで焼く。焼き上がったら逆さまにして冷ます。

アーモンドシフォンケーキ

材料

	17cm	20cm
卵黄 (L)	4個	7個
なたね油	50cc	90cc
牛乳	60cc	100cc
アーモンドプードル	80g	140g
スライスアーモンド	20g	40g
卵白 (L)	4個	7個
グラニュー糖	60g	100g

焼き時間 (180℃で)

17cm **20cm**

約25分　約30分

準備

・基本のプレーンシフォンケーキ参照 (p.10)
・アーモンドプードルはふるっておく (**a** 写真上)。
・スライスアーモンドは180℃で約5分、焼き色がつくまで空焼きし (**a** 写真下)、冷めたら手で細かく砕く。

作り方

1　卵黄生地を作る。ボウル (大) に卵黄を入れてなたね油を加えて混ぜ、温めた牛乳を加え、さらに混ぜる。アーモンドプードルを再度ふるいながら一度に加え、ローストしたスライスアーモンドも加え、ホイッパーで混ぜる。

2　p.11の要領で卵白とグラニュー糖を泡立て、メレンゲを作る。

3　卵黄生地の中にメレンゲの⅓量を加えホイッパーでよく混ぜ、ボウルの底に卵黄の濃い生地が残らないようにゴムべらで底から返す。

4　残りのメレンゲも2回に分けて加え、同じようにホイッパーでだまがなくなるまで混ぜる。再度ゴムべらで底から返す。

5　型に生地を流し入れ、ゴムべらで表面を平らにならす。

6　温めておいたオーブンで焼く。焼き上がったら逆さまにして冷ます。

ヨーグルトシフォンケーキ

材料

	17cm	20cm
卵黄 (L)	4個	7個
なたね油	50cc	90cc
ヨーグルト	85g	150g
薄力粉	70g	120g
卵白 (L)	4個	7個
グラニュー糖	70g	120g

ヨーグルト

焼き時間 (180℃で)

17cm **20cm**

約25分　約30分

準備

・基本のプレーンシフォンケーキ参照 (p.10)

作り方

1　卵黄生地を作る。ボウル (大) に卵黄を入れてなたね油を加えて混ぜ、温めたヨーグルトを加えてさらに混ぜる。薄力粉を再度ふるいながら一度に加え、ホイッパーで混ぜる。

2　p.11の要領で卵白とグラニュー糖を泡立て、メレンゲを作る。

3　卵黄生地の中にメレンゲの⅓量を加えホイッパーでよく混ぜ、ボウルの底に卵黄の濃い生地が残らないようにゴムべらで底から返す。

4　残りのメレンゲも2回に分けて加え、同じようにホイッパーでだまがなくなるまで混ぜる。再度ゴムべらで底から返す。

5　型に生地を流し入れ、ゴムべらで表面を平らにならす。

6　温めておいたオーブンで焼く。焼き上がったら逆さまにして冷ます。

ココナッツシフォンケーキ

昔食べたココナッツサブレはいつも後を引きました。
そんな思い出から生まれたココナッツシフォン。
やはり後を引いてしまいます。

coconut

作り方>38 ページ

lemon

レモンシフォンケーキ

皮まですりおろすため、冬にでまわる国産を使います。
シフォンを通して季節感を味わえるのも良いものですね。

作り方>38 ページ

りんごシフォンケーキ

元気がない時にお世話になるビタミン豊富なりんご。
丸ごとすりおろして風味を閉じ込めました。煮りんごの食感も楽しめます。

apple

作り方 >39 ページ

グレープフルーツシフォンケーキ

ピンク色の粒々が可愛い、私のお気に入りです。
果汁も果肉もしっかり入っている爽やかな味わいのシフォンです。

作り方>39 ページ

ココナッツシフォンケーキ

材料

	17cm	20cm
卵黄 (L)	4 個	7 個
なたね油	50cc	90cc
牛乳	10cc	20cc
ココナッツミルク	60cc	100cc
ココナッツファイン	10g	20g
（ココナッツの繊維）		
薄力粉	70g	120g
卵白 (L)	4 個	7 個
グラニュー糖	60g	100g

写真右／ココナッツミルク、写真左／ココナッツファイン

焼き時間 (180℃で)

17cm **20cm**

約25分　約30分

準備

・基本のプレーンシフォンケーキ参照 (p.10)

作り方

1　卵黄生地を作る。ボウル (大) に卵黄を入れてなたね油を加えて混ぜ、温めた牛乳、ココナッツミルクとココナッツファインを加えてさらに混ぜる。薄力粉を再度ふるいながら一度に加え、ホイッパーで混ぜる。

2　p.11の要領で卵白とグラニュー糖を泡立て、メレンゲを作る。

3　卵黄生地の中にメレンゲの1/3量を加えホイッパーでよく混ぜ、ボウルの底に卵黄の濃い生地が残らないようにゴムべらで底から返す。

4　残りのメレンゲも2回に分けて加え、同じようにホイッパーでだまがなくなるまで混ぜる。再度ゴムべらで底から返す。

5　型に生地を流し入れ、ゴムべらで表面を平らにならす。

6　温めておいたオーブンで焼く。焼き上がったら逆さまにして冷ます。

レモンシフォンケーキ

材料

	17cm	20cm
卵黄 (L)	4 個	7 個
なたね油	50cc	90cc
レモン果汁＋水	60cc	100cc
	(レモン約1/2個分)	(レモン約1個分)
レモンの皮	1/2個分	1個分
薄力粉	70g	120g
卵白 (L)	4 個	7 個
グラニュー糖	70g	120g

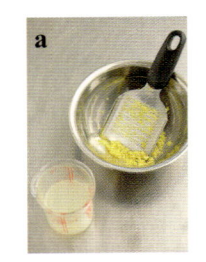

焼き時間 (180℃で)

17cm **20cm**

約25分　約30分

準備

・基本のプレーンシフォンケーキ参照 (p.10)

・レモンは表面の皮をすりおろす (a)。

・レモンを絞り、水を加えて分量のレモン果汁を作る (a)。

作り方

1　卵黄生地を作る。ボウル (大) に卵黄を入れてなたね油を加えて混ぜ、レモン果汁とレモンの皮を加えてさらに混ぜる。薄力粉を再度ふるいながら一度に加え、ホイッパーで混ぜる。

2　p.11の要領で卵白とグラニュー糖を泡立て、メレンゲを作る。

3　卵黄生地の中にメレンゲの1/3量を加えホイッパーでよく混ぜ、ボウルの底に卵黄の濃い生地が残らないようにゴムべらで底から返す。

4　残りのメレンゲも2回に分けて加え、同じようにホイッパーでだまがなくなるまで混ぜる。再度ゴムべらで底から返す。

5　型に生地を流し入れ、ゴムべらで表面を平らにならす。

6　温めておいたオーブンで焼く。焼き上がったら逆さまにして冷ます。

りんごシフォンケーキ

材料

	17cm	20cm
卵黄 (L)	4 個	7 個
なたね油	50cc	90cc
すりおろしりんご	60g	100g
レモン果汁	¼個分	¼個分
薄力粉	75g	130g
卵白 (L)	4 個	7 個
グラニュー糖	60g	100g
コンポート		
りんご (皮をむいた正味)	50g	100g
グラニュー糖	5g	10g
レモン果汁	¼個分	¼個分

焼き時間 (180℃で)

17cm　**20cm**
約 26 分　約 32 分

準備

・基本のプレーンシフォンケーキ参照 (p.10)
・コンポートを作る。りんごを 5mm 角に切り、グラニュー糖、レモンの果汁とともに鍋に入れ水分が飛ぶまで中火で焦げない様に煮る (**a**)。

作り方

1 卵黄生地を作る。ボウル (大) に卵黄を入れてなたね油を加えて混ぜ、すりおろしりんごとレモン果汁を加えてさらに混ぜる。薄力粉を再度ふるいながら一度に加え、ホイッパーで混ぜる。

2 p.11 の要領で卵白とグラニュー糖を泡立て、メレンゲを作る。

3 卵黄生地の中にメレンゲの⅓量を加えホイッパーでよく混ぜ、ボウルの底に卵黄の濃い生地が残らないようにゴムべらで底から返す。

4 残りのメレンゲも 2 回に分けて加え、同じようにホイッパーでだまがなくなるまで混ぜる。再度ゴムべらで底から返す。

5 りんごのコンポートを薄力粉 (分量外) にまぶし余分な粉はふるいで落とし、さっくりとゴムべらで生地に混ぜる。

> 水分のある素材は粉にまぶすと沈みません。

6 型に生地を流し入れ、ゴムべらで表面を平らにならす。

7 温めておいたオーブンで焼く。焼き上がったら逆さまにして冷ます。

グレープフルーツシフォンケーキ

材料

	17cm	20cm
卵黄 (L)	4 個	7 個
なたね油	50cc	90cc
ピンクグレープフルーツ (正味)	100g	170g
薄力粉	70g	120g
卵白 (L)	4 個	7 個
グラニュー糖	60g	100g

焼き時間 (180℃で)

17cm　**20cm**
約 26 分　約 32 分

準備

・基本のプレーンシフォンケーキ参照 (p.10)
・グレープフルーツは実を出して計量しておく (**a**)。
> ホイッパーで混ぜるうちに実がほぐれてくるので、細かくほぐす必要はありません。

作り方

1 卵黄生地を作る。ボウル (大) に卵黄を入れてなたね油を加えて混ぜ、ピンクグレープフルーツを加えてさらに混ぜる。薄力粉を再度ふるいながら一度に加え、ホイッパーで混ぜる。

2 p.11 の要領で卵白とグラニュー糖を泡立て、メレンゲを作る。

3 卵黄生地の中にメレンゲの⅓量を加えホイッパーでよく混ぜ、ボウルの底に卵黄の濃い生地が残らないようにゴムべらで底から返す。

4 残りのメレンゲも 2 回に分けて加え、同じようにホイッパーでだまがなくなるまで混ぜる。再度ゴムべらで底から返す。

5 型に生地を流し入れ、ゴムべらで表面を平らにならす。

6 温めておいたオーブンで焼く。焼き上がったら逆さまにして冷ます。

和三盆シフォンケーキ

上品な甘さのシフォンができました。砂糖の種類で表情も味も違ってきます。
日本茶とゆっくり味わいたいシフォンです。

材料

	17cm	20cm
卵黄 (L)	4 個	7 個
なたね油	50cc	90cc
牛乳	60cc	100cc
薄力粉	75g	130g
卵白 (L)	4 個	7 個
和三盆 (粉末)	60g	100g

和三盆

焼き時間 （180℃で）

17cm　**20cm**

約25分　約30分

準備

・基本のプレーンシフォンケーキ参照 (p.10)

作り方

1　卵黄生地を作る。ボウル（大）に卵黄を入れてなたね油を加えて混ぜ、温めた牛乳を加えてさらに混ぜる。薄力粉を再度ふるいながら一度に加え、ホイッパーで一気に混ぜる。

2　p.11 の要領で卵白と和三盆を泡立て、メレンゲを作る。

3　卵黄生地の中にメレンゲの⅓量を加えホイッパーでよく混ぜ、ボウルの底に卵黄の濃い生地が残らないようにゴムべらで底から返す。

4　残りのメレンゲも 2 回に分けて加え、同じようにホイッパーでだまがなくなるまで混ぜる。再度ゴムべらで底から返す。

5　型に生地を流し入れ、ゴムべらで表面を平らにならす。

6　温めておいたオーブンで焼く。焼き上がったら逆さまにして冷ます。

wasanbon

黒糖シフォンケーキ

こくとミネラルがつまった、黒糖特有の自然の甘みがあります。
主張がはっきりした、奥行きのある深い味わいです。

材料

	17cm	20cm
卵黄 (L)	4 個	7 個
なたね油	50cc	90cc
牛乳	60cc	100cc
薄力粉	75g	130g
卵白 (L)	4 個	7 個
黒糖 (粉末)	60g	100g

黒糖

焼き時間 （180℃で）

17cm　**20cm**

約25分　約30分

準備
・基本のプレーンシフォンケーキ参照 (p.10)

作り方

1　卵黄生地を作る。ボウル (大) に卵黄を入れてなたね油を加えて混ぜ、温めた牛乳を加えてさらに混ぜる。薄力粉を再度ふるいながら一度に加え、ホイッパーで一気に混ぜる。

2　p.11 の要領で卵白と黒糖を泡立て、メレンゲを作る。

3　卵黄生地の中にメレンゲの⅓量を加えホイッパーでよく混ぜ、ボウルの底に卵黄の濃い生地が残らないようにゴムべらで底から返す。

4　残りのメレンゲも２回に分けて加え、同じようにホイッパーでだまがなくなるまで混ぜる。再度ゴムべらで底から返す。

5　型に生地を流し入れ、ゴムべらで表面を平らにならす。

6　温めておいたオーブンで焼く。焼き上がったら逆さまにして冷ます。

brown sugar

きなこシフォンケーキ

カットした瞬間、きなこの良い香りが漂います。
黒みつやあずきをトッピングしたら和の一皿のでき上がりです。

材料

	17cm	20cm
卵黄 (L)	4個	7個
なたね油	50cc	90cc
牛乳	60cc	100cc
薄力粉	60g	100g
きなこ	15g	30g
卵白 (L)	4個	7個
グラニュー糖	60g	100g

a

焼き時間 (180℃で)

17cm	**20cm**
約25分	約30分

準備

・基本のプレーンシフォンケーキ参照 (p.10)
・薄力粉ときなこは一緒にふるっておく (**a**)。

作り方

1 卵黄生地を作る。ボウル (大) に卵黄を入れてなたね油を加えて混ぜ、温めた牛乳を加えてさらに混ぜる。薄力粉ときなこを再度ふるいながら一度に加え、ホイッパーで混ぜる。

2 p.11 の要領で卵白とグラニュー糖を泡立て、メレンゲを作る。

3 卵黄生地の中にメレンゲの⅓量を加えホイッパーでよく混ぜ、ボウルの底に卵黄の濃い生地が残らないようにゴムべらで底から返す。

4 残りのメレンゲも2回に分けて加え、同じようにホイッパーでだまがなくなるまで混ぜる。再度ゴムべらで底から返す。

5 型に生地を流し入れ、ゴムべらで表面を平らにならす。

6 温めておいたオーブンで焼く。焼き上がったら逆さまにして冷ます。

黒ごまシフォンケーキ

黒い生地は見た目も新鮮。食べた時のごまのプチプチ感も楽しめます。
意外にも生クリームとの相性がバッチリです。

材料

	17cm	20cm
卵黄 (L)	4 個	7 個
なたね油	50cc	90cc
牛乳	40cc	70cc
黒ごま	大さじ 1	大さじ 2
黒ごまペースト	20g	35g
薄力粉	75g	130g
卵白 (L)	4 個	7 個
グラニュー糖	65g	110g

写真右/黒ごまペースト、写真左/黒ごま

焼き時間 (180℃で)

17cm **20cm**
約 25 分　約 30 分

準備

・基本のプレーンシフォンケーキ参照 (p.10)

作り方

1　卵黄生地を作る。ボウル (大) に卵黄を入れてなたね油を加えて混ぜ、温めた牛乳、黒ごまと黒ごまペーストを加えてさらに混ぜる。薄力粉を再度ふるいながら一度に加え、ホイッパーで混ぜる。

> 黒ごまは空焼きしておくと風味が増します。

2　p.11 の要領で卵白とグラニュー糖を泡立て、メレンゲを作る。

3　卵黄生地の中にメレンゲの⅓量を加えホイッパーでよく混ぜ、ボウルの底に卵黄の濃い生地が残らないようにゴムべらで底から返す。

4　残りのメレンゲも 2 回に分けて加え、同じようにホイッパーでだまがなくなるまで混ぜる。再度ゴムべらで底から返す。

5　型に生地を流し入れ、ゴムべらで表面を平らにならす。

6　温めておいたオーブンで焼く。焼き上がったら逆さまにして冷ます。

sesame

梅酒シフォンケーキ

毎年梅酒を漬けています。
飲んだ後の梅の実が余りひらめきで作ってみたところ、
ほんのり香るお酒の美味しさに思わずニッコリ。

ume liquer

作り方 >52 ページ

豆乳シフォンケーキ

牛乳の代わりに豆乳を入れます。
大豆のヘルシーな味わいがおやつにも朝食にもぴったり。
爽やかで大好きなシフォン！

soy milk

作り方 >52 ページ

rum raisin

ラムレーズンシフォンケーキ

レーズンとオレンジピールはラム酒に半年以上漬け込んでいます。
凝縮されたフルーツの甘みとまろやかなラム酒の香りがリッチな味わいに。

作り方 >53 ページ

ジンジャーシフォンケーキ

できれば、香りのでる皮も一緒にすりおろしてください。
体の冷える冬にはちみつゆず茶と一緒にぜひ召し上がれ！

ginger

作り方 >53 ページ

梅酒シフォンケーキ

材料

	17cm	20cm
卵黄 (L)	4個	7個
なたね油	50cc	90cc
梅酒	60cc	100cc
水	10cc	20cc
薄力粉	70g	120g
卵白 (L)	4個	7個
グラニュー糖	70g	120g
梅酒の実	50g	90g

焼き時間 (180℃で)

17cm **20cm**
約25分　約30分

準備

・基本のプレーンシフォンケーキ参照 (p.10)
・梅酒の実は細かく刻んでおく。

作り方

1　卵黄生地を作る。ボウル (大) に卵黄を入れてなたね油を加えて混ぜ、梅酒、水を加えてさらに混ぜる。薄力粉を再度ふるいながら一度に加え、ホイッパーで混ぜる。

2　p.11 の要領で卵白とグラニュー糖を泡立て、メレンゲを作る。

3　卵黄生地の中にメレンゲの⅓量を加えホイッパーでよく混ぜ、ボウルの底に卵黄の濃い生地が残らないようにゴムべらで底から返す。

4　残りのメレンゲも2回に分けて加え、同じようにホイッパーでだまがなくなるまで混ぜる。再度ゴムべらで底から返す。

5　梅酒の実を分量外の薄力粉でまぶし余分な粉はふるいで落とし (**a**)、さっくりとゴムべらで生地に混ぜる。
> 水分のある素材は粉にまぶすと沈みません。

6　型に生地を流し入れ、ゴムべらで表面を平らにならす。

7　温めておいたオーブンで焼く。焼き上がったら逆さまにして冷ます。

豆乳シフォンケーキ

材料

	17cm	20cm
卵黄 (L)	4個	7個
なたね油	50cc	90cc
豆乳 (無調整)	80cc	140cc
薄力粉	70g	120g
卵白 (L)	4個	7個
グラニュー糖	55g	100g

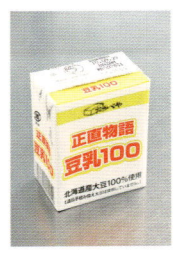

豆乳 (無調整)

焼き時間 (180℃で)

17cm **20cm**
約25分　約30分

準備

・基本のプレーンシフォンケーキ参照 (p.10)

作り方

1　卵黄生地を作る。ボウル (大) に卵黄を入れてなたね油を加えて混ぜ、温めた豆乳を加えてさらに混ぜる。薄力粉を再度ふるいながら一度に加え、ホイッパーで混ぜる。

2　p.11 の要領で卵白とグラニュー糖を泡立て、メレンゲを作る。

3　卵黄生地の中にメレンゲの⅓量を加えホイッパーでよく混ぜ、ボウルの底に卵黄の濃い生地が残らないようにゴムべらで底から返す。

4　残りのメレンゲも2回に分けて加え、同じようにホイッパーでだまがなくなるまで混ぜる。再度ゴムべらで底から返す。

5　型に生地を流し入れ、ゴムべらで表面を平らにならす。

6　温めておいたオーブンで焼く。焼き上がったら逆さまにして冷ます。

ラムレーズンシフォンケーキ

材料

	17cm	20cm
卵黄 （L）	4 個	7 個
なたね油	50cc	90cc
牛乳	40cc	70cc
ラム酒	大さじ⅓	大さじ⅔
ラムレーズン＋オレンジピールのラム酒漬け	40g	70g
薄力粉	70g	120g
卵白 （L）	4 個	7 個
グラニュー糖	60g	100g

焼き時間 （180℃で）

17cm **20cm**
約 25 分　約 30 分

準備

・基本のプレーンシフォンケーキ参照 （p.10）
・ラムレーズン、オレンジピールはラム酒の汁を軽く切り細かく刻んでおく （a）。

作り方

1　卵黄生地を作る。ボウル（大）に卵黄を入れてなたね油を加えて混ぜ、温めた牛乳、ラム酒、刻んだラムレーズンとオレンジピールを加えてさらに混ぜる。薄力粉を再度ふるいながら一度に加え、ホイッパーで混ぜる。

2　p.11 の要領で卵白とグラニュー糖を泡立て、メレンゲを作る。

3　卵黄生地の中にメレンゲの⅓量を加えホイッパーでよく混ぜ、ボウルの底に卵黄の濃い生地が残らないようにゴムべらで底から返す。

4　残りのメレンゲも 2 回に分けて加え、同じようにホイッパーでだまがなくなるまで混ぜる。再度ゴムべらで底から返す。

5　型に生地を流し入れ、ゴムべらで表面を平らにならす。

6　温めておいたオーブンで焼く。焼き上がったら逆さまにして冷ます。

ジンジャーシフォンケーキ

材料

	17cm	20cm
卵黄 （L）	4 個	7 個
なたね油	50cc	90cc
水	55cc	95cc
しょうが	7g	10g
薄力粉	75g	130g
卵白 （L）	4 個	7 個
グラニュー糖	60g	100g

焼き時間 （180℃で）

17cm **20cm**
約 25 分　約 30 分

準備

・基本のプレーンシフォンケーキ参照 （p.10）
・しょうがは皮ごとすりおろしておく （a）。

作り方

1　卵黄生地を作る。ボウル（大）に卵黄を入れてなたね油を加えて混ぜ、水、すりおろしたしょうがを加えてさらに混ぜる。薄力粉を再度ふるいながら一度に加え、ホイッパーで混ぜる。

2　p.11 の要領で卵白とグラニュー糖を泡立て、メレンゲを作る。

3　卵黄生地の中にメレンゲの⅓量を加えホイッパーでよく混ぜ、ボウルの底に卵黄の濃い生地が残らないようにゴムべらで底から返す。

4　残りのメレンゲも 2 回に分けて加え、同じようにホイッパーでだまがなくなるまで混ぜる。再度ゴムべらで底から返す。

5　型に生地を流し入れ、ゴムべらで表面を平らにならす。

6　温めておいたオーブンで焼く。焼き上がったら逆さまにして冷ます。

にんじんシフォンケーキ

人参嫌いな子供さんもシフォンに入れれば大満足！
きれいなオレンジ色が食欲をそそりますね。

材料

	17cm	20cm
卵黄 (L)	4 個	7 個
なたね油	50cc	90cc
牛乳	10cc	20cc
すりおろした人参 (正味)	70g	120g
薄力粉	80g	140g
卵白 (L)	4 個	7 個
グラニュー糖	70g	120g

焼き時間 (180℃で)

17cm 約25分　**20cm** 約30分

準備

・基本のプレーンシフォンケーキ参照 (p.10)
・人参はすりおろしておく。

作り方

1　卵黄生地を作る。ボウル (大) に卵黄を入れてなたね
油を加えて混ぜ、温めた牛乳、すりおろした人参を加え
てさらに混ぜる。薄力粉を再度ふるいながら一度に加え、
ホイッパーで混ぜる。

2　p.11の要領で卵白とグラニュー糖を泡立て、メレン
ゲを作る。

3　卵黄生地の中にメレンゲの⅓量を加えホイッパーで
よく混ぜ、ボウルの底に卵黄の濃い生地が残らないよう
にゴムべらで底から返す。

4　残りのメレンゲも2回に分けて加え、同じようにホ
イッパーでだまがなくなるまで混ぜる。再度ゴムべらで
底から返す。

5　型に生地を流し入れ、ゴムべらで表面を平らになら
す。

6　温めておいたオーブンで焼く。焼き上がったら逆さ
まにして冷ます。

carrot

紫芋シフォンケーキ

紫芋は色素が薄いため完全な紫色には焼き上がりませんが、
甘い食感はやはり秋の味覚です。

材料

	17cm	20cm
卵黄 (L)	4 個	7 個
なたね油	50cc	90cc
牛乳	30cc	50cc
蒸した紫芋 (正味)	70g	120g
薄力粉	70g	120g
卵白 (L)	4 個	7 個
グラニュー糖	65g	115g

焼き時間 (180℃で)

17cm **20cm**
約25分　約30分

準備

・基本のプレーンシフォンケーキ参照 (p.10)
・紫芋はマッシャーでつぶしておく (a)。

作り方

1 卵黄生地を作る。ボウル (大) に卵黄を入れてなたね
油を加えて混ぜ、温めた牛乳、マッシュした紫芋を加え
てさらに混ぜる。薄力粉を再度ふるいながら一度に加え、
ホイッパーで一気に混ぜる。

2 p.11の要領で卵白とグラニュー糖を泡立て、メレン
ゲを作る。

3 卵黄生地の中にメレンゲの⅓量を加えホイッパーで
よく混ぜ、ボウルの底に卵黄の濃い生地が残らないよう
にゴムべらで底から返す。

4 残りのメレンゲも2回に分けて加え、同じようにホ
イッパーでだまがなくなるまで混ぜる。再度ゴムべらで
底から返す。

5 型に生地を流し入れ、ゴムべらで表面を平らになら
す。

6 温めておいたオーブンで焼く。焼き上がったら逆さ
まにして冷ます。

purple sweet potato

コーンシフォンケーキ

甘いとうもろこしに出会った時程嬉しい事はありません。
粒の美味しいシャキシャキ感を残し、その感動を表現しました。

材料

	17cm	20cm
卵黄 (L)	4 個	7 個
なたね油	50cc	90cc
牛乳	15cc	30cc
茹でとうもろこし	70g	120g
	(約⅓本分)	(約⅔本分)
薄力粉	70g	120g
卵白 (L)	4 個	7 個
グラニュー糖	70g	120g

焼き時間 〈180℃で〉

17cm　**20cm**
約 25 分　約 30 分

準備

・基本のプレーンシフォンケーキ参照 (p.10)
・とうもろこしは実をそぎ落とし分量を計量しておく (**a**)。

作り方

1　卵黄生地を作る。ボウル (大) に卵黄を入れてなたね
油を加えて混ぜ、温めた牛乳、茹でたとうもろこしを加
えてさらに混ぜる。薄力粉を再度ふるいながら一度に加
え、ホイッパーで混ぜる。

2　p.11 の要領で卵白とグラニュー糖を泡立て、メレン
ゲを作る。

3　卵黄生地の中にメレンゲの⅓量を加えホイッパーで
よく混ぜ、ボウルの底に卵黄の濃い生地が残らないよう
にゴムべらで底から返す。

4　残りのメレンゲも 2 回に分けて加え、同じようにホ
イッパーでだまがなくなるまで混ぜる。再度ゴムべらで
底から返す。

5　型に生地を流し入れ、ゴムべらで表面を平らになら
す。

6　温めておいたオーブンで焼く。焼き上がったら逆さ
まにして冷ます。

corn

ほうれん草シフォンケーキ

パンにもケーキにも万能のほうれん草。緑が映え食欲をそそります。
朝食代わりにスープとともにどうぞ。

材料

	17cm	20cm
卵黄 (L)	4個	7個
なたね油	50cc	90cc
牛乳	15cc	30cc
茹でたほうれん草	65g	110g
薄力粉	70g	120g
卵白 (L)	4個	7個
グラニュー糖	70g	120g

焼き時間 (180℃で)

17cm **20cm**
約25分　約30分

準備

・基本のプレーンシフォンケーキ参照 (p.10)
・ほうれん草はすり鉢ですりつぶしておく (**a**)。

作り方

1　卵黄生地を作る。ボウル (大) に卵黄を入れてなたね
油を加えて混ぜ、温めた牛乳、すりつぶしたほうれん草
を加えてさらに混ぜる。薄力粉を再度ふるいながら一度
に加え、ホイッパーで混ぜる。

2　p.11の要領で卵白とグラニュー糖を泡立て、メレン
ゲを作る。

3　卵黄生地の中にメレンゲの⅓量を加えホイッパーで
よく混ぜ、ボウルの底に卵黄の濃い生地が残らないよう
にゴムべらで底から返す。

4　残りのメレンゲも2回に分けて加え、同じようにホ
イッパーでだまがなくなるまで混ぜる。再度ゴムべらで
底から返す。

5　型に生地を流し入れ、ゴムべらで表面を平らになら
す。

6　温めておいたオーブンで焼く。焼き上がったら逆さ
まにして冷ます。

spinach

キャラメルシフォンケーキ

キャラメルの香ばしい香りが漂う一瞬はお菓子作りの醍醐味。
牛乳は入れずに濃厚なキャラメルを凝縮した一品です。

材料

	17cm	20cm
卵黄 (L)	4 個	7 個
なたね油	50cc	90cc
キャラメル液	60cc	100cc
┃上白糖	40g	80g
┃水	大さじ1弱	大さじ2弱
┃熱湯	40cc	80cc
薄力粉	70g	120g
卵白 (L)	4 個	7 個
グラニュー糖	60g	100g

焼き時間 （180℃で）

17cm **20cm**
約25 分　約30 分

準備

・基本のプレーンシフォンケーキ参照 (p.10)
・キャラメル液を作る。鍋に上白糖と水を入れ中火にか
け、時々鍋を回して濃い焦げ色がついてきたら火から下
ろし熱湯を少しずつ入れる (a はねるので注意)。分量のキャ
ラメル液を計量して使う。

作り方

1　卵黄生地を作る。ボウル (大) に卵黄を入れてなたね
油を加えて混ぜ、キャラメル液を加えてさらに混ぜる。
薄力粉を再度ふるいながら一度に加え、ホイッパーで混
ぜる。

2　p.11の要領で卵白とグラニュー糖を泡立て、メレンゲ
を作る。

3　卵黄生地の中にメレンゲの⅓量を加えホイッパーで
よく混ぜ、ボウルの底に卵黄の濃い生地が残らないよう
にゴムべらで底から返す。

4　残りのメレンゲも2回に分けて加え、同じようにホ
イッパーでだまがなくなるまで混ぜる。再度ゴムべらで
底から返す。

5　型に生地を流し入れ、ゴムべらで表面を平らにならす。

6　温めておいたオーブンで焼く。焼き上がったら逆さ
まにして冷ます。

caramel

試してみたい素材のアイデア

●トマト

美味しさがギュッと詰まったトマト。皮をむきザクザクと刻んでそのまま生地に混ぜ込みます。フレッシュなシフォンの完成です。

●味噌

毎年味噌を造ります。味噌パンを見てひらめいた味噌しふぉん！ しょっぱさがクセになる、新たな風味になりそうですね。

●ブルーベリー

ブルーベリーを沢山摘んだらジャムにして、生地に入れ込みます。実はホイップクリームと共にカットシフォンに添えて贅沢に。

●ごぼう

皮をむき茹でてからすりおろします。香りとえぐみが後を引く美味しさに。みずみずしい新ごぼうでぜひ挑戦したい一品です。

生地の色、
風味等をポイントに、
新しい味を考えるのは
楽しい時間です。

シフォンケーキの生地で作るアレンジケーキ

シフォンケーキが上手に焼けるようになったらステップアップ。
シフォン生地はどんなケーキにアレンジしても見事にマッチします。
季節の行事やパーティーでも活躍の場が広がります。ぜひレパートリーを増やしてみましょう。

いちごのショートケーキ

ケーキの王様ショートケーキをシフォンに変えて新たな味わいに。
季節ごとのフルーツでも楽しめます。

材料
17㎝型の基本のプレーンシフォンケーキ
　(p.10〜13)　1台分
いちご　適量
・生クリーム　300cc
・グラニュー糖　大さじ3
[シロップ]
　　上白糖　25g
　　水　50cc
　　ラム酒　大さじ1

準備
・シロップを作る。上白糖と水を鍋に入れ火に
かけ、砂糖が溶けたら火を止める。冷めたらラ
ム酒を加える。
>電子レンジにかけても良いです。

作り方
1　基本のプレーンシフォンケーキの焼き上が
りの表面を包丁で切り落とす。

2　シフォンケーキの真ん中を横半分に切る。
断面と表面にはけを使いシロップを塗る。

3　生クリームにグラニュー糖を加え、ホイッ
パーで8分立てに泡立てる。

4　2の下の生地の断面に3の生クリーム、半
分にカットしたいちご、生クリームの順に塗り、
上の生地で挟む。パレットナイフを使い表面
を生クリームでデコレーションする。

5　スプーンの背を使って表面に模様を描き、
仕上げにいちごを飾る。
>熱湯でナイフを温めてからカットするときれいに切れます。

モンブラン

和栗で作るペーストは一味違います。生地、生クリーム、
マロンペーストの絶妙なバランスが最高のハーモニーを奏でます。

材料

17cm型の基本のプレーンシフォンケーキ
　（p.10〜13）　1台分
[マロンクリーム]
　マロンペースト（和栗）　100g
　バター　10g
　グラニュー糖　小さじ1
　生クリーム　30cc
　ラム酒　小さじ1弱
[ホイップクリーム]
　生クリーム　100cc
　グラニュー糖　大さじ1
　ラム酒　小さじ1
[シロップ]
　上白糖　25g
　水　50cc
　ラム酒　大さじ1

栗の渋皮煮　適量

準備

・シロップを作る（p.66）。
> 電子レンジにかけても良いです。

作り方

1　マロンクリームを作る。鍋にマロンペースト、バター、グラニュー糖を入れ中火にかけて柔らかくなったら火から下ろす。あら熱が取れたら生クリーム、ラム酒を加える。

2　モンブラン用口金（または2mm丸口）をつけた絞り出し袋にマロンクリームを入れる。

3　基本のプレーンシフォンケーキの焼き上がりの表面を包丁で切り落とす。

4　表面にはけを使いシロップを塗る。

5　生クリームにグラニュー糖、ラム酒（好みの洋酒）を加え、ホイッパーで8分立てに泡立て、パレットナイフを使いシフォンケーキの表面に塗る。

6　マロンクリームをシフォンケーキの表面にデコレーションし、栗の渋皮煮を飾る。

> 熱湯でナイフを温めてからカットするときれいに切れます。

あずきのロールケーキ

ロールケーキ生地は短時間で焼けるのであっという間に完成です。
他のシフォン生地も色々試してみましょう。

材料 25cm × 29cm の天板 1 枚分
あずきシフォン生地

[卵黄生地]	[メレンゲ]
卵黄 (L) 4 個	卵白 (L) 4 個
なたね油 50cc	グラニュー糖 60g
牛乳 40cc	
茹であずき (缶) 60g	
薄力粉 60g	
さらし餡 20g	

焼き時間 (180℃で) 約 15 分

準備
・基本のプレーンシフォンケーキ参照 (p.10)
・シロップを作る (p.66)。

作り方
1 基本のプレーンシフォンケーキ (p.10 ～ 13) を参照して生地を作る。準備で粉とさらし餡を一緒にふるい、作り方 **2** で牛乳と一緒に茹であずきを加える。
2 天板または新聞紙で作った紙型 (**a**) に、ベーキングシートを敷き生地を流し入れ表面をカードで平らにならす。
3 温めておいたオーブンで 15 分焼く。
4 焼き上がったら、わら半紙をつけたまま網の上で冷ます。
5 あら熱が取れたらビニール袋に入れてしっとり感を保つ。

> オーブンの大きさに合わせて型を新聞紙で作ると便利です。何度も再利用可。

仕上げ
[シロップ]
 上白糖 6g
 水 12cc
 ラム酒 小さじ 1
[ホイップクリーム]
 生クリーム 200cc
 グラニュー糖 大さじ 2

1 生地の表面にシロップをはけで塗り、生クリームにグラニュー糖を加え、8 分立てに泡立てる。ホイップクリームを生地にパレットナイフで塗る。
2 わら半紙ごと手前からのの字に巻いていく。
3 巻き終わりを下にして冷蔵庫で生地を休ませてからカットする。
> 熱湯でナイフを温めてからカットするときれいに切れます。

じゃがいものパンケーキ

じゃがいものもちもち感が加わった今までにない食感です。
熱々にメープルシロップやバター、サワークリームを添えれば最高の贅沢。

材料
直径 15cm の丸形 5 枚分
　卵黄 (L)　4 個
　なたね油　50cc
　牛乳　25cc
　茹でたじゃがいも (正味)　70g
　薄力粉　80g
[メレンゲ]
　卵白 (L)　4 個
　グラニュー糖　60g

サワークリーム　適量
メープルシロップ　適量
なたね油またはバター　適量

準備
・じゃがいもはマッシャーでつぶしておく。

作り方
1　基本のプレーンシフォンケーキ (p.10 ～ 13)
を参照して生地を作る。作り方 **2** で牛乳を入
れた後、マッシュしたじゃがいもを加える。
2　フライパンになたね油またはバターを熱
し、生地を流し入れる。焼き色が付いてきたら
裏返し、裏面も同じように焼く。
3　お皿に盛り、サワークリームをのせ、メー
プルシロップをかける。

サバラン

洋酒のケーキを再現したくてたっぷりとシロップを塗りました。
もちろん生クリームもたっぷりと。濃いコーヒーと一緒にどうぞ。

材料
17cm型の基本のプレーンシフォンケーキ
　(p.10～13) の生地　1台分
生クリーム　適量
[シロップ]
グラニュー糖　50g
水　150cc
ブランデー　50cc
レモン果汁　1個分

作り方
1　シロップを作る。鍋に上白糖、水を入れ火
にかける。砂糖が溶けたら火から下ろし、あら
熱を取る。ブランデーとレモン果汁を加える。
＞ブランデー以外でもお好みの洋酒でお試しください。

2　基本のプレーンシフォンケーキに、はけを
使い **1** のシロップをたっぷり染み込ませる。
3　冷蔵庫でしっかりと冷やしゆるめにホイッ
プした生クリームをかけていただく。

3色シフォンケーキ

一度に3つの味が味わえる見た目にも可愛いシフォン。
ラッピングしてプレゼントすればきっと賞賛の嵐でしょう！

材料

	17cm	20cm
プレーン		
卵黄 (L)	1個	2個
なたね油	10cc	25cc
牛乳	15cc	30cc
薄力粉	20g	40g
フランボワーズ		
卵黄 (L)	1個	2個
なたね油	10cc	25cc
牛乳	5cc	10cc
フランボワーズ		
ピューレ	20g	40g
薄力粉	20g	35g
抹茶		
卵黄 (L)	2個	3個
なたね油	25cc	35cc
牛乳	30cc	40cc
・薄力粉	35g	50g
・抹茶	大さじ1弱	大さじ1強
卵白 (L)	4個	7個
グラニュー糖	65g	110g

焼き時間 （180℃で）

17cm　**20cm**

約25分　約30分

準備

・基本のプレーンシフォンケーキ参照 (p.10)

作り方

1 卵黄生地は3種類作る。プレーンは、基本のプレーンシフォンケーキ (p. 0〜13)、抹茶は抹茶のシフォンケーキ (p.20) を参照して生地を作る。フランボワーズ生地はプレーン同様、作り方**2**の牛乳の後にフランボワーズピューレを入れて作る（**a**）。

2 p.11の要領で卵白とグラニュー糖を泡立て、メレンゲを作る。

3 メレンゲを17cm型には1：1：2に、20cm型には2：2：3に分に（抹茶生地に多く加える）、それぞれの卵黄生地の中に2回に分けて加えそのつどホイッパーで混ぜる。

4 それぞれのボウルの底をゴムべらで返す。

5 型に、フランボワーズ、プレーン、抹茶の順に生地を流し込みゴムべらで表面を平らにならす（生地量の多い抹茶生地を最後に入れる）。

6 温めておいたオーブンで焼く。焼き上がったら逆さまにして冷ます。

a

型を変えて焼いてみる

手土産や贈り物など
シーンに合わせて
素材や形の
アレンジを楽しみましょう。

●紙型

焼きっぱなしで差し上げるのにはお手軽です。型からはがす必要がないので生地がボロボロになる事も型崩れする事もなく便利です。

●四角型

シフォン型では新しいスタイルです。型から出して表面に色々な飾りつけができます。パーティー等で大活躍しそうですね。

●ハート型

バレンタインには必需品です。チョコレートシフォンやチョコチップにしたら最高のプレゼント！　ただ、型から抜くのが至難の業です。

●紙コップ

生地が余ってしまった時に入れて作ると可愛いですね。焼き時間は半分程度で大丈夫です。色々な柄のコップで試してみたくなります。

あとがき

　どこを旅しても市場という場所は、活気があり地場の物を楽しめる私の大好きな空間です。鎌倉の市場の一角に「鎌倉しふぉん」はあります。自己主張する事なく、しっかりとそこに在る、そんなお店を心がけ、ここまで歩んで参りました。

　シフォンは焼きっぱなしでシンプルゆえに、ごまかしのきかないケーキです。今までにどれほどの数を焼いたかわかりませんが、それでもまだ試行錯誤の日々です。そんな中、シフォン作りを通してたくさんの事を教わり、ひと回りもふた回りも成長させて頂きました。これからもシフォンの気持ちをくみとって真摯な姿で焼きに臨み、多くの方々に「美味しい」をお届けできたらと思います。

　最後に、本書を読んで下さった皆様のシフォン作りの輪が広がる事を願っております。

市場のケーキ屋さん　鎌倉しふぉん　　**青井聡子**

青井聡子 (あおいさとこ)

東京都出身。2000 年鎌倉へ移住とともに「cafe あおい」をオープン。お店で出していたケーキが評判となり、独学でシフォンケーキの研究を重ね、2003 年鎌倉市農協連即売所内にシフォンケーキの専門店「市場のケーキ屋さん 鎌倉しふぉん」をオープン。雑誌、テレビなどで取り上げられる人気店となり、かまくら推奨品にも認定される。「青井聡子お菓子教室」主催。

市場のケーキ屋さん 鎌倉しふぉん
お店 〒 248-0006 鎌倉市小町 1-13-10
0467-23-1833（鎌倉駅東口徒歩 3 分）
工房 〒 248-0007 鎌倉市大町 2-1-6-1
0467-23-8885
ホームページ https://www.k-chiffon.com/
※本書は『鎌倉しふぉんのシフォンケーキ』（2010 年刊）を加筆修正したものです。

撮影	馬場わかな
スタイリング	池水陽子
ブックデザイン	茂木隆行
イラスト	井上智陽
調理アシスタント	池田由紀子
	井澤珠世
	遠藤紀子
	佐藤智子
材料提供	富澤商店
	042-776-6488
	（月〜金 9：00 〜 17：00、
	土 9：00 〜 15：00）
	http://www.tomizawa.co.jp

新版 市場のケーキ屋さん

鎌倉しふぉんのシフォンケーキ
卵 粉 牛乳 砂糖 油 + 素材 1 つで作るシンプルな生地

2024 年 8 月 31 日 初版第 1 刷発行

著 者 青井聡子
発行者 角竹輝紀
発行所 株式会社マイナビ出版
〒 101-0003
東京都千代田区一ツ橋 2-6-3 一ツ橋ビル 2F
TEL 0480-38-6872 （注文専門ダイヤル）
TEL 03-3556-2731 （販売部）
TEL 03-3556-2735 （編集部）
https://book.mynavi.jp
印刷・製本 シナノ印刷株式会社